Viver a Alma Lusa

Martim Castro de Noronha

Letras Ausentes Unipessoal LDA.

FICHA TÉCNICA
Título original: Viver a Alma Lusa
Autor: Martim Castro de Noronha
© 2023, Letras Ausentes Unipessoal LDA.
Tiragem: 300 exemplares
Ilustrações: Álvaro Oliveira
Data de impressão: março de 2023
ISBN: 978-1-954145-92-4

Letras Ausentes Unipessoal LDA.
4100-375 Porto, Portugal
ola@letrasausentes.com
www.letrasausentes.com

Índice:

52 Amor e Perda

82 Conclusão

85 Biografia do Autor e Agradecimentos

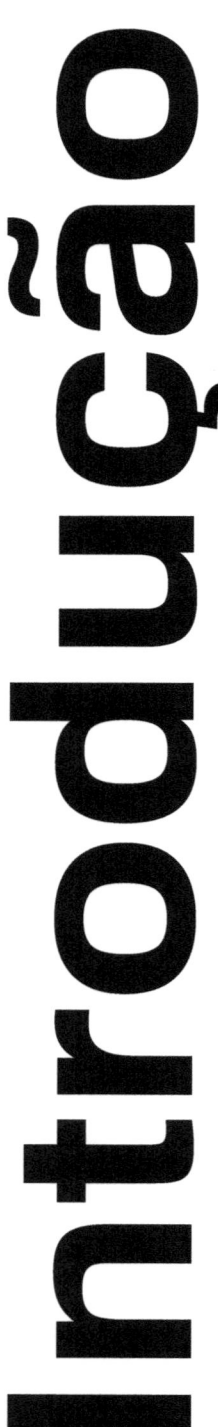
Introdução

Este livro de poesia é uma coleção de poemas portugueses que exploram a rica paisagem cultural e emocional de Portugal. Os poemas desta coleção mergulham nos temas da saudade, natureza, amor e perda, capturando a essência do que significa ser português.

"Saudade" é um tema central neste livro, pois é um conceito único que está profundamente enraizado na cultura portuguesa. Esses poemas exploram o sentimento de saudade e nostalgia por algo ou alguém que está ausente, seja uma pessoa, um lugar ou um tempo.

A beleza da natureza em Portugal também é celebrada nestes poemas. Das colinas de Sintra às praias desertas, a paisagem natural do país é capturada com detalhes vívidos, mostrando o poder e a majestade da terra.

Além desses temas, esta coleção também toca nas emoções intensas de amor e perda. Esses poemas exploram os altos e baixos dessas experiências, imergindo nas profundezas do coração partido e na alegria do amor.

O estilo desses poemas é caracterizado por um forte senso de imagem e emoção. O uso de linguagem e imagem vívida traz esses temas à vida, fazendo com que o leitor sinta como se estivesse experimentando-os pela primeira vez.

Esta coleção de poemas portugueses é uma homenagem à cultura e às pessoas de Portugal, mostrando a profundidade e a beleza do país através dos olhos deste poeta.

Saud

esta secção inc
que exploram c
"saudade", um
singularmente
que se refere a
sentimento de
nostalgia.

ade

i poemas
ema da
nceito
rtuguês
m
udade ou

Solidão

A solidão é uma prisão
Que me prende ao meu próprio ser
É a falta de companhia
E a dor de estar só.

A solidão é a solidão
Da vida sem amor
É a escuridão dos dias
E a lacuna das noites.

A solidão é a solidão
Da alma sem esperança
É a tristeza dos pensamentos
E o medo de não ser amado.

A solidão é a solidão
Que me acompanha dia a dia
É a luta contra o vazio
E a busca por alguém para amar.

Saudade

Saudade é a tristeza
Que invade a minha alma
É a dor de um amor perdido
E a lembrança da calma.

Saudade é a nostalgia
De um tempo que já passou
É o desejo de voltar
E o medo de ficar sem causa.

Saudade é a saudade
Daquilo que nunca mais volta
É o vazio de um coração partido
E a solidão de uma alma solta.

Saudade é a saudade
Que me acompanha dia a dia
É a tristeza de um amor esquecido
E a esperança de um novo dia.

Solidão da vida

A solidão da vida
É um silêncio pesado
É o isolamento na escuridão
E o medo do desconhecido.

É a tristeza dos pensamentos
E a dor das lembranças
É a solidão da alma
E o vazio da mente.

É a luta contra os demónios
E a batalha contra si mesmo
É a busca pela paz
E a busca pela aceitação.

A solidão da vida
É uma jornada difícil
Mas também é uma oportunidade
De se encontrar e crescer.

Vazio

A solidão é um vazio que se sente no peito
É a falta de alguém que nos faz.
É a saudade de um abraço
E o silêncio que nos envolve

É o medo de estar só
E a incerteza de amanhã.
Mas também é a oportunidade
De se conhecer melhor

E de encontrar a paz
Em nós mesmos.
A solidão é uma escolha
E um caminho a seguir.

Tristeza

Saudade é a tristeza
Que fica no coração
É o vazio de uma ausência
E a saudade de um amor.

Saudade é a melancolia
Que invade a alma
É o eco de uma risada
E o silêncio de uma partida.

Saudade é a saudade
Que nos acompanha sem fim
É o desejo de um reencontro
E a esperança de um novo amor.

Saudade é a saudade
Que nos faz sentir vivos
É a prova de um amor verdadeiro
E o elo entre o passado e o presente.

Solidão à meia-
-noite

Caminhando pelas ruas vazias
Onde os passos ecoam solitários
Vejo rostos desconhecidos
E o tempo passa sem ser notado.

Os sonhos são como nuvens no céu
Evasivos e sempre fora do alcance
E eu caminho sem destino certo
Perdido em pensamentos e saudade.

A lua brilha como um farol
Guiando-me na minha jornada
Mas ela também é uma ilusão
E eu sou apenas um viajante cansado.

Mas mesmo assim continuo a caminhar
Em busca de algo que eu não sei
Talvez seja a paz ou o amor
Ou talvez seja apenas uma ilusão.

Saudade do que foi

Saudade é a melodia
Que ecoa no meu coração
É a lembrança de um amor
E a dor de uma separação.

Saudade é o perfume
Que ainda paira no ar
É a saudade do toque
E o medo de nunca mais voltar.

Saudade é a saudade
Que me invade a alma
É a tristeza de um adeus
E a esperança de um retorno.

Saudade é a saudade
Que me acompanha dia a dia
É a lembrança de um amor perdido
E a esperança de um novo amanhã.

Morte

A morte é uma passagem
Uma porta para outra vida
É a partida de um corpo
E a chegada de uma alma.

A morte é a transição
De um estado para outro
É o fim de uma jornada
E o começo de outra.

A morte é a morte
Da carne, mas não do espírito
É a libertação da dor
E a paz eterna.

A morte é a morte
Que nos espera a todos
É a certeza da vida eterna
E a esperança de um encontro.

Natu

esta secção inclu
exploram a bele
natureza em Po

reza

poemas que
e o poder da
ugal.

A primavera

A primavera é a renovação
As flores nascem de novo
E a natureza se desperta
Depois do longo inverno.

Os dias ficam mais longos
E as noites mais quentes
As cores retornam
E a vida se renova.

É o tempo da esperança
E do amor que renasce
É o tempo de deixar o passado
E seguir.

A primavera é uma nova oportunidade
De começar de novo
E de seguir em frente
Com o coração cheio de esperança.

O mar

O mar é como um espelho
Refletindo o céu azul
E as nuvens que passam
Como se fossem a dançar.

As ondas vêm e vão
Como se fossem uma canção
E o vento sopra forte
Como se fosse uma oração.

Sinto-me pequeno
Diante da imensidão
Mas, ao mesmo tempo, livre
Na liberdade da natureza.

O mar é misterioso
E eterno como o tempo
Sinto-me feliz
Em ser uma pequena parte dele.

Na solidão da natureza

Na solidão da natureza
Encontro a minha paz.
O canto dos pássaros
E o murmúrio das águas
Acalmam-me o coração.

As árvores e os campos
Lembram-me da minha insignificância
E, ao mesmo tempo, da minha grandeza
Mostrando que fazemos parte do mesmo todo.

E nessa solidão, encontro-me
Comigo mesmo e com o mundo
Entendo que a vida é passageira
E aproveito-a ao máximo.

O riacho

Riacho cristalino
Cortando a paisagem verde
É a música da natureza
E a calma que me tranquiliza.

Riacho sereno
Fluindo com leveza
É a beleza da simplicidade
E a paz que me envolve.

Riacho vital
Regando a terra
É a fonte da vida
E o batimento da natureza.

Riacho mágico
Com as suas águas cristalinas
É o refúgio da minha alma
E o lugar onde encontro paz.

A noite

A noite é um mistério
Com os seus sons e sombras
É a hora do silêncio
E da reflexão.

É quando a cidade adormece
E os sonhos começam
É quando as estrelas brilham
E os pensamentos voam.

É a hora da solidão
E da escuridão
Mas também é a hora
Da paz e da tranquilidade.

A noite é um convite
Para se conectar
Com o mundo interior
E encontrar a verdade.

A tempestade

A tempestade vem como um furacão
E tudo o que conhecemos é varrido
É a força da natureza
E a potência do desconhecido.

É o medo do misterioso
E a incerteza do futuro
É a luta contra o impossível
E a coragem de sobreviver.

É a tristeza das perdas
E a dor das despedidas
É a luta contra as lágrimas
E a força de seguir a guerrear.

A tempestade passa
E tudo o que resta é a lição
É a força de recomeçar
E a esperança de um novo amanhã.

Montanha

Montanha majestosa
Com a sua altitude imponente
É a força da natureza
E a beleza da imensidão.

Montanha selvagem
Com a sua natureza exuberante
É o mistério da vida
E a riqueza da biodiversidade.

Montanha desafiante
Com os seus cumes inacessíveis
É o desafio para os aventureiros
E a prova de coragem.

Montanha mágica
Com o seu ar puro e fresco
É o refúgio para a mente
E o refúgio para o espírito.

A natureza

A natureza é a beleza
Que nos rodeia
É o canto dos pássaros
E o murmúrio dos rios.

A natureza é a vida
Que se renova cada dia
É a força da natureza
E a harmonia do mundo.

A natureza é a essência
Que nos sustenta e nos alimenta
É a fonte de inspiração
E a cura para as mazelas.

A natureza é a criação
Que devemos proteger
É a riqueza do nosso planeta
E a base da nossa existência.

Noite triste

Noite triste, noite escura
Com os seus segredos e mistérios
É a solidão que me envolve
E o vazio que me comove.

Noite triste, noite fria
Com os seus pensamentos e reflexões
É a tristeza que me invade
E a melancolia que me acompanha.

Noite triste, noite longa
Com os seus silêncios e soluços
É a dor que me aperta o coração
E a saudade duma nação.

Noite triste, noite eterna
Com a sua escuridão e silêncio
É a minha alma que se despede
E a minha vida que se desfaz.

Minho

Minho, terra de história
Com os seus castelos e muralhas
É a tradição que se mantém
E a cultura que se perpetua.

Minho, terra de vinho
Com a sua uva verde e branca
É a delicadeza que se degusta
E a alegria que se compartilha.

Minho, terra de amor
Com as suas paisagens
deslumbrantes
É o amor que se cultiva
E a vida que se celebra.

Minho, a minha terra
Com o seu povo acolhedor
É o lugar onde eu nasci
E o lugar aonde sempre voltarei.

Campos verdes

Caminho pelos campos verdes,
Onde a natureza se desnuda,
E os seus segredos que ela revela,
Sinto-me tão pequeno.

A brisa suave acaricia-me,
E os pássaros cantam a sua música,
perco-me em pensamentos,
E sinto-me tão livre.

As flores coloridas cercam-me,
As suas fragrâncias embalam-me,
Sinto-me tão feliz,
E agradecido por tudo isso.

Deito-me na grama macia,
E observo o céu azul,
Sinto-me tão pequeno,
E tão grande ao mesmo tempo.

Agradeço a vida,
Por permitir-me viver,
Por me mostrar a beleza,
Da simplicidade da natureza.

Cortiça

Cortiça, a minha doce tentação
A textura suave e sedução.
O tesouro escondido
E a beleza natural.

Cortiça, a natureza
A força e fragilidade
A vida que se renova
E a morte que se aproxima.

Cortiça, a liberdade
A flexibilidade e resistência
O desafio que busco
E a liberdade que encontro.

Cortiça, a paz
A calma e silêncio
O refúgio para a mente
E a cura para a alma.

Amo
Perd

esta secção inclui p
exploram os temas
e da perda, com um
particular na intens
emocional destas e

r e

a

mas que

o amor

nfoque

ade

eriências.

Ecos do passado

Ecos do passado ecoam na minha mente
Lembranças que não quero esquecer
Rostos e lugares que já foram vivos
Agora apenas sombras no ar.

As ruas que pisei já não são as mesmas
As árvores cresceram, as casas mudaram
E pergunto-me se alguém ainda se lembra
Das histórias que esses lugares guardam.

Mas mesmo assim, guardo-os no meu coração
Os ecos do passado que nunca morrerão.
São esses momentos que me definem
E fazem-me quem sou hoje.

Luz no fim do túnel

Na escuridão da noite
Eu caminhava sem rumo
Perdido em pensamentos
E sufocado pelo medo.

Uma luz apareceu
Brilhando no fim do túnel
Guiou-me para longe
Da escuridão que me consumia.

E assim, eu continuo caminhando
Com a luz no fim do túnel
Guiando-me na minha jornada
E dando-me força para seguir.

A dança da vida

A dança da vida é uma roda sem fim
Que gira e gira sem parar
As alegrias e tristezas
São os passos que seguimos.

Às vezes dançamos sozinhos
Outras vezes, de mãos dadas
Mas sempre seguimos em frente
Na busca pelo próximo passo.

E mesmo quando tropeçamos
E cairmos no chão
A vida nos levanta
E nos faz continuar a dançar.

E assim, dançamos até o fim
Acompanhando o ritmo da vida
E apreciando cada passo
Na dança da vida eterna.

A esperança

A esperança é a luz
Que ilumina o caminho
É o que nos move
E nos dá força.

É a chama que arde
E nos mantém vivos
É o que nos faz acreditar
A continuar a lutar.

É o que nos dá coragem
E nos faz enfrentar
Os desafios da vida
E encontrar a felicidade.

A esperança é o que nos une
E nos faz acreditar
Que tudo é possível
E que tudo ficará bem.

O sonho

O sonho é um mundo
Cheio de possibilidades
É uma porta para a imaginação
E um caminho para a liberdade.

É onde tudo é possível
E nada é impossível
É onde os medos se dissolvem
E os desejos se realizam.

É onde a vida se transforma
E os sonhos se tornam realidade
É onde a mente se expande
E o coração se enche de alegria.

O sonho é um guia
Que nos leva para além
Dos limites da realidade
E nos faz acreditar no impossível.

Metamorfose

A metamorfose é o ciclo
Da vida e da morte
É o processo de mudança
E de renovação.

É a transformação
Da lagarta em borboleta
É o fim de um capítulo
E o início de outro.

É a deixar ir
Do velho para o novo
É a coragem de mudar
E o medo do desconhecido.

A metamorfose é a vida
Em constante evolução
É a busca pelo equilíbrio
E a aceitação do imprevisível.

O desejo

O desejo é o fogo
Que arde no coração
É o que nos move
E nos faz sonhar.

É o que nos faz acreditar
Que tudo é possível
E que tudo pode ser alcançado
Com força e determinação.

É a vontade de viver
E de experimentar
É a busca pela felicidade
E pela realização.

É a luta pela conquista
E a superação dos obstáculos
É a vontade de seguir
E de nunca desistir.

Transgressão

A transgressão é a quebra
Das regras e normas
É a subversão do que é
E a busca pela liberdade.

É a coragem de ser diferente
E de seguir o próprio caminho
É a rebeldia contra o estabelecido
E a luta contra a opressão.

É a ousadia de desafiar
E de questionar o que é certo
É a vontade de mudar
E de criar algo novo.

A transgressão é a força
De transformação e evolução
É a chave para o progresso
E para a ereção de uma sociedade justa.

Eterna juventude

A juventude é eterna
Na mente e no coração
É a alegria de viver
E a vontade de seguir.

É a esperança de amanhã
E a crença no impossível
É a força de superar
E a coragem de lutar.

É a beleza do mundo
E a riqueza da vida
É a felicidade de ser jovem
E de nunca deixar de sonhar.

A juventude é eterna
E nunca desaparece
É a fonte da energia
E a fonte da criatividade.

Caminhos cruzados

Caminhos cruzados
Numa encruzilhada
Escolhas a serem feitas
E destinos a seguir.

Os caminhos são diferentes
Mas todos levam a algum lugar
Uns são longos e difíceis
Outros são curtos e fáceis.

Cada escolha tem consequências
E cada passo tem um preço
É preciso ter coragem
E seguir o que o coração diz.

Caminhos cruzados
São uma oportunidade
De encontrar a verdadeira vida
E de seguir o próprio caminho.

Amor escondido

Sussurro o teu nome no silêncio da noite
Amor que escondido e guardo a sete chaves
Sentimentos ocultos e secretos
Só para ti a paixão é revelada.

Nos momentos mais íntimos
Os nossos corações se unem
Num amor secreto, proibido
Mas tão verdadeiro e intenso.

Esse amor escondido
É o nosso segredo a guardar
Mas vivemos intensamente
Em cada segundo a dois.

A transgressão do tempo

É a quebra das regras do passado
É a busca pela inovação
E a coragem de avançar.

É a liberdade de romper
Com o que já foi estabelecido
É a ousadia de criar
E de transformar o futuro.

É a vontade de descalçar
E de deixar para trás
O que já foi vivido
E o que já foi aludido.

A transgressão do tempo
É a força da evolução
É a chave para o progresso
E para a construção de um mundo novo.

O amor

O amor é um sentimento
Que nos preenche de vida
É a doçura de um sorriso
E o calor de um abraço.

O amor é a luz
Que ilumina os nossos dias
É a força que nos move
E nos dá coragem para seguir.

O amor é a união
De duas almas numa só
É a cumplicidade e a confiança
E a felicidade de se amar.

O amor é o amor
Que nos une e nos torna livres
É a certeza de que sempre estaremos juntos
E a esperança de um amanhã feliz.

A mudança

A mudança é a constante
Que permeia as nossas vidas
É o movimento e o fluxo
Da vida que se renova.

A mudança é o crescimento
E a evolução de nós mesmos
É a adaptação às novas situações
E a superação de desafios.

A mudança é a mudança
Que nos lança
É a mudança que nos faz evoluir
E nos faz progredir.

A mudança é a mudança
Que devemos abraçar
É a mudança que nos traz novidade
E nos dá a oportunidade.

Conclusão

Este livro de poesia é uma coleção de poemas que procuram explorar as diferentes faces da cultura e emoções portuguesas. Através dos poemas, foi possível mergulhar nos temas da saudade, natureza, amor, perda e solidão, e compreender como eles se relacionam entre si.

A saudade é um tema central que perpassa toda a coleção, e que mostra como é possível sentir saudade de algo ou alguém que nunca se teve. A natureza, por sua vez, é celebrada como fonte de beleza e inspiração, e mostra como ela pode ser um reflexo da alma portuguesa.

A solidão é outro tema explorado nesta coleção de poemas mostrando como as pessoas lidam com a sensação de estarem sozinhas física ou emocionalmente.

O amor e a perda são temas intensos que nos fazem refletir sobre nossas próprias experiências e emoções. Os poemas mostram como essas emoções podem ser dolorosas, mas também como elas podem ser transformadoras.

Espero que essa coleção de poemas tenha tocado o leitor de alguma forma, e que tenha proporcionado uma visão única e profunda da cultura e emoções portuguesas.

Biografia do Autor e Agradecimentos

Biografia do Autor: Martim Castro de Noronha é escritor e poeta, nasceu e cresceu em Ponte de Lima, Portugal. Ele tem uma formação em Letras e Literaturas Modernas e tem trabalhado como escritor e professor de literatura ao longo de sua carreira.

Gostaria de agradecer a todas as pessoas que me ajudaram a criar este livro. Especialmente às Letras Ausentes, aos meus amigos e familiares pela sua orientação e apoio. Também gostaria de agradecer a todos os meus professores e mentores que me inspiraram a seguir minha paixão pela literatura.

Pode se manter atualizado com as minhas últimas notícias e próximos livros visitando o meu site e inscrevendo-se no meu boletim informativo. Basta visitar www.martimnoronha.com e digitar o seu endereço de e-mail para se inscrever. Como assinante, receberá atualizações exclusivas sobre o meu trabalho e será o primeiro, a saber sobre os próximos eventos. Também pode entrar em contacto comigo diretamente em ola@martimnoronha.com com quaisquer perguntas ou comentários. Obrigado pelo seu apoio!

www.ingramcontent.com/pod-product-compliance
Lightning Source LLC
Chambersburg PA
CBHW051548120626
46551CB00013B/1421